LE PRINCE POPULAIRE

NOTICE HISTORIQUE SUR LA VIE

DE

Monseigneur le DUC d'ORLÉANS

Ferdinand-Philippe-Louis-Charles-Henri-Joseph de Bourbon

PÈRE DE

Monseigneur le comte DE PARIS

PARIS

LIBRAIRIE L. LÉVY

UN
PRINCE POPULAIRE

UN
PRINCE POPULAIRE

NOTICE HISTORIQUE SUR LA VIE

DE

Monseigneur le DUC d'ORLÉANS

Ferdinand-Philippe-Louis-Charles-Henri-Joseph de Bourbon

PÈRE DE

Monseigneur le comte DE PARIS

PARIS

IMPRIMERIE F. LEVÉ

17, RUE CASSETTE, 17

1884

UN
PRINCE POPULAIRE

NOTICE HISTORIQUE SUR LA VIE

DE

Monseigneur le DUC d'ORLÉANS

(Ferdinand-Philippe-Louis-Charles-Henri-Joseph de Bourbon)

PÈRE DE

Monseigneur le comte DE PARIS.

Aujourd'hui que la république semble toucher à son déclin les yeux de tous les bons Français se tournent avec le sentiment de l'espérance vers Mgr le comte de Paris, notre roi légitime, l'héritier de saint Louis, d'Henri IV et de Louis XIV, la successeur du regretté comte de Chambord, le prince qui résume en sa personne tous les droits séculaires de nos rois, et la consécration de toutes les conquêtes de la Révolution de 1789.

Bientôt nous n'en doutons pas, la France désabusée réclamera librement de ce prince le rétablissement de l'autorité, paternelle et nationale à laquelle notre pays a dû quatorze siècles de grandeur et de puissance, autorité qui en avait fait le premier royaume du monde parce qu'elle était basée sur l'accord parfait du monarque et de la nation.

Tous les Français connaissent Mgr le comte de Paris, mais il nous paraît utile de rappeler l'histoire de la vie si belle et si bien remplie quoique malheureusement si brusquement interrompue par la Providence, de son père Mgr le duc d'Orléans. Après avoir lu, nos lecteurs partageront la conviction que le fils d'un tel père ne peut que travailler au bonheur et au relèvement de la patrie et que Dieu l'a sûre-réservé et désigné pour effacer dans un avenir prochain les traces du régime odieux que nous avons le malheur de subir.

Ferdinand-Philippe-Louis- Charles-Henri-Joseph de Bourbon naquit à Palerme en Sicile, le 3 septembre 1810, de Marie-Amélie fille du roi Ferdinand IV des Deux Siciles et de Marie Caroline d'Autriche, mariée le 25 novembre 1809 à Louis-Philippe de Bourbon duc d'Orléans, le héros de Jemmapes et de Valmy, qui devait régner 18 ans sur la France sous le nom de Louis-Philippe. En naissant le jeune prince reçut le nom de duc de Chartres, un de ceux que portaient les fils aînés de la famille d'O léans.

Napoléon 1er régnait alors et les Bourbons semblaient avoir peu de chances de remonter jamais sur le trône: l'exil était leur partage.

Néamoins le vieil évêque qui jeta l'eau du baptême sur le front de l'enfant en invoquant sainte Rosalie patronne des rois de Sicile, s'écria :« Mon Dieu ! c'est peut-être un roi de France que je baptise. » Hélas , il se trompait : il n'était pas dans les desseins de Dieu d'accorder la réalisation de ce souhait mais le vieil évêque baptisait du moins celui qui devait être le père du roi de France Philippe VII.

Les quatre premières années du jeune prince se passèrent en Sicile, à la cour de son grand-père ; il revint en France une première fois en 1814 et une seconde fois en 1815.

Le duc d'Orléans, son père, tint à ce qu'il reçut une éducation forte et populaire. Il lui donna pour précepteur un homme de science et de caractère, M. de Boismilon auquel le prince reconnaissant conserva toute sa vie une grande affection et une estime particulière, ce qui fait aussi bien l'éloge du maître que de l'élève.

Lorsque le duc de Chartres fut en âge, il suivit les cours du collège Henri IV où il fit des bonne étude. Après avoir conquis ses grades universitaires, il devint pour la chimie, les mathématiques et l'astronomie, le disciple de Biot, d'Arago, de Gay-Lussac, de Poisson. Il apprit à parler et à écrire avec facilité, l'italien, l'anglais et l'allemand.

A dix-huit ans, le duc d'Orléans emmena son fils avec lui en Ecosse et en Angleterre pour l'initier au fonctionnement des Etats constitutionnels, et à son retour, le roi Charles le gratifia du cordon bleu et le nomma colonel du 1er régiment de hussards en garnison à Joigny.

Le prince s'éprit du métier militaire et exerça son commandement avec cœur; il s'instruisit promptement des règlements et obligations du service, se fit aimer du soldat se montrant officier instruit, exact pour la discipline, bienveillant et affable pour tous en même temps que juste et bienfaisaut.

Son heureux caractère lui concilia l'affection, générale même celle de la branche aînée des Bourbons; on lui destinait la main de la fille de la duchesse de Berri lorsque la révolntion de 1830 éclata.

Après les journées de juillet, le duc d'Orléans son père fut proclamée d'abord lieutenant général, puis roi des Français sous le nom de Louis-Philippe. Le prince prit alors la qualification de prince royal et le titre de duc d'Orléans. Il entra en même temps à la chambre des pairs.

Promu général de brigade, il fit en cette qualité la campagne de Belgique contre les Hollandais et contribua à la délivrance de ce pays,

Au mois de novembre 1831 une insurrection sanglante éclata à Lyon et fut vigoureusement réprimée par le général comte Roguet.

Le duc d'Orléans fut envoyé par le roi pour pardonner aux insurgés et rassurer la population lyonnaise. Cette mission convenait à son cœur et voici les paroles ennoncées par le prince le 3 décembre 1831 : en faisant son entrée dans la ville de Lyon lorsqu'il recut les autorités municipales venues à sa rencontre.

« Monsieur le Maire,

« Je ne puis vous témoigner de quelle pro-

« fonde tristesse mon cœur est pénétré en
« rentrant aujourd'hui dans la seconde ville
« du royaume, après les sanglants désordres
« et les coupables excès dont elle a été le
« théâtre et la victime. Je me rappelle avoir
« vu, il y a un an, la population lyonnaise
« manifester les sentiments les plus vifs
« d'amour de l'ordre et d'attachement aux
« institutions et au gouvernement que la
« révolution de juillet a fondés en France.
« C'est ce souvenir, c'est l'espoir que ces
» sentiments n'étaient pas effacés, ce sont les
« liens qui m'uniront toujours à la ville de
« Lyon, qui m'ont décidé, aux premières
« nouvelles des troubles qui l'ont affligée, à
« tout quitter pour venir faire cesser cette
« effusion du sang français que je ne cesse-
« rai de déplorer. J'ai voulu aussi, d'accord
« avec l'illustre maréchal qui m'accompagne
« (le maréchal Soult) contribuer de tous mes
« efforts à rétablir dans toute sa plénitude
« l'ordre légal là où il avait cessé d'exister, et
« à faire respecter l'autorité des lois qu'une
« partie de la population avait violemment
« méconnue, mais qu'une autre avait si vail-
« lamment su défendre. Tels sont les senti-
« ments qui m'animent : je suis venu non
« pour chercher des coupables, c'est le devoir
« de la justice, mais comme pacificateur,
« mais pour rappeler à des Français égarés
« quels sont leurs devoirs, et aussi j'ose le
« dire, quel est leur véritable intérêt. Au-
« jourd'hui cette tâche est remplie, et j'en
« commence une autre bien plus douce à

« mon cœur ; celle d'apporter tous les soula-
« gements possibles au sort des classes ou-
« vrières de la ville de Lyon, dont le Roi
« mon père m'a ordonné de m'occuper avec
« sollicitude. — Puissent-elles comprendre,
« par le terrible exemple qu'elles ont sous les
« yeux, que ce n'est que dans la protection
« que la loi accorde à ceux qui la respectent,
» qu'elles peuvent trouver leur bien-être !
« C'est par un repentir sincère, par une sou-
« mission sans réserve, que la population de
« cette industrieuse cité pourra me mettre à
« même de lui faire voir que j'ai non seule-
« ment les sentiments d'un bon Français,
« d'un citoyen sincèrement dévoué à son pays
« et à nos institutions, mais aussi d'un bon
« Lyonnais. »

Le prince revint à Paris après une réussite complète dans sa mission ; il avait pu pacifier la ville sans employer les mesures de rigueur.

De retour à la cour du roi Louis-Philippe, le prince royal reprit ses études militaires, sociales et économiques, se préparant ainsi aux fonctions de chef d'armée et de roi d'un grand Etat. Malgré sa jeunesse, il donna à tous, l'exemple de la régularité des mœurs, se conciliant ainsi l'estime de ceux qui l'approchaient. Il ne put désarmer les critiques de l'opposition, et les plaisanteries de la *Caricature* et du *Charivari* ne lui furent pas épargnées ; prince libéral *il ne s'en offensa jamais*, malgré la violence de ces attaques.

Dans les premiers jours de novembre 1832, de nouvelles difficultés ayant surgi entre le gouvernement hollandais et le roi des Belges Léopold 1er, gendre du roi des Français, le maréchal Gérard ayant sous ses ordres 50,000 hommes de troupes françaises franchit la frontière pour défendre l'indépendance de la Belgique menacée par la Hollande qui voulait revenir sur les traités affranchissant le peup'e belge de son joug.

Le duc d'Orléans fut de l'expédition ; suivant le témoignage de ses ennemis politiques que l'esprit de parti ne rendit pas injustes, il se fit remarquer entre tous, *et se montra digne de commander à des Français.*

Au siège d'Anvers, nommé par le maréchal Gérard commandant de tranchée, il mérita les applaudissements de l'armée pour le courage et le sang-froid dont il donna la preuve.

Pendant ce siège mémorable de 24 jours, qui valut à nos armes un brillant succès et qui coûta à l'armée 608 soldats et officiers tués ou blessés, la conduite du duc d'Orléans et de son frère, le jeune duc de Nemours, fut admirable.

Le prince royal était major de tranchée ; un jour qu'il parcourait les lignes françaises sous une grêle de balles, il crut remarquer une certaine hésitation parmi les travailleurs au milieu desquels il se trouvait : « *Soyez tranquilles, enfants,* leur cria-t-il, *les Hollandais tirent trop haut.* Puis montant sur le parapet, redressant sa haute taille sous un feu terrible, les balles pleuvant autour de lui :

« *Voyez, dit-il, je suis plus grand que vous,*
« *et leurs balles ne m'atteignent pas.* »

Quatorze mille mètres de tranchée furent ouverts par le génie placé sous les ordres du général Haxo ; l'artillerie française, dirigée par le général Neigre, tira 6.000 coups de canon contre la place d'Anvers, vigoureusement défendue par le général Chassé. Le 31 décembre 1832, la citadelle de la ville assiégée tomba en notre pouvoir et fut remise à la nation belge. La garnison hollandaise composée de 5,000 hommes de troupes et de 185 officiers fut faite prisonnière de guerre.

Cette glorieuse expédition terminée, le duc d'Orléans revint à Paris où sévissait le choléra. L'anxiété était au comble dans la capitale ; chaque jour tombaient de nombreuses victimes du fléau et les rumeurs les plus sinistres venaient accroître la terreur du public. De jour en jour la hideuse maladie augmentait ses progrès, la peur lui fournissant un auxiliaire puissant.

Le prince royal s'était instruit il avait étudié dans les hôpitaux militaires et dans les lazarets les questions d'épidémie, pensant avec prévoyance qu'un futur chef d'armée ne doit pas rester ignorant de ces matières, afin de ne jamais être surpris par le danger ; il avait conclu qu'une maladie peut être *endémique* sans pour cela être forcément *contagieuse*, et qu'avant tout il faut soutenir le moral des masses afin d'éviter la contagion. Aussitôt son retour, en plein choléra, n'écoutant que son courage, il se prodigua dans les hôpitaux de Paris, s'exposant à la contagion pour soulager et réconforter les malades, les rassurant par de bonnes paroles ainsi que par son exemple. Il parvint à relever le moral du peuple qu'il amena à croire moins au danger en voyant le prince le braver tous les jours. L'épidémie décrut rapidement et finit par disparaître.

Le duc d'Orléans se rendit ensuite en Afrique où il prit part à l'expédition de Mascara. Pourvu du commandement d'une division, il se comporta en général soucieux du bien-être de ses frères d'armes ; sa santé s'étant altérée, il dut revenir en France pour se remettre des fatigues de cette campagne plus fatigante que glorieuse.

Le prince était en âge de se marier. Le roi Louis-Philippe l'envoya voyager en Europe afin qu'il découvrît lui-même l'épouse de son choix. Le duc d'Orléans fut accueilli avec distinction par tous les souverains, et un an après il épousait, le 12 juin 1837, à Fontainebleau, la princesse Hélène de Mecklembourg.

Les fêtes données pour la célébration de ce mariage furent splendides, et la municipalité de Paris offrit naturellement les plus brillantes ; mais la joie publique fut subitement éteinte par une catastrophe épouvantable qui arriva au Champ de Mars, où une foule de cent mille personnes s'était entassée pour assister à un feu d'artifice. A cette époque le Champ de Mars ne présentait pas les nombreux dégagements qui rendent son accès si facile aujourd'hui ; il était entouré de fossés et de talus et fermé par des grilles du côté du faubourg Saint-Germain et de l'École militaire. Après le feu d'artifice, la masse populaire se trouvait si compacte qu'une grande quantité de personnes furent précipitées dans les fossés, écrasées contre les grilles de l'Ecole militaire et étouffées sous les pieds des assistants.

Aussitôt cet affreux malheur connu, le duc d'Orléans se rendit à l'hôtel de ville où devait avoir lieu le lendemain un bal offert par la Ville de Paris à la jeune duchesse, et voici les paroles pleines de cœur qu'il prononça en demandant que toutes réjouissances fussent ajournées jusqu'à ce que les victimes du Champ de Mars aient reçu les honneurs funèbres, et que leurs familles aient été soulagées.

« Messieurs, dit le prince, un grand mal-
« heur est arrivé hier, malheur dont on ne
« peut accuser personne, mais qui n'en est
« pas moins réel. Ce triste événement a eu
« lieu pendant une fête dont mon mariage
« était l'occasion. Eh bien ! Messieurs, je
« l'avouerai, j'éprouve une répugnance invin-
« cible à la pensée de me réjouir, de paraître
« même en public avant d'avoir rempli le
« devoir que m'impose ce déplorable acci-
« dent et avant d'avoir enterré les victimes.
« Je prie le conseil municipal de vouloir me
« laisser toute initiative dans cette triste occa-
« sion ; c'est à moi de porter des secours et
« des consolations aux familles de ces mal-
« heureux : la Ville de Paris peut me confier
« ce soin ; je serai fidèle à m'en acquitter !
« Jusque-là, jusqu'à cette réparation dou-

« loureuse et incomplète, je ne pourrais jouir
« des fêtes brillantes que la Ville de Paris veut
« bien m'offrir, ainsi qu'à Mme la duchesse
« d'Orléans. Je veux que ce plaisir si doux
« pour elle et pour moi ne soit mêlé d'aucune
« amertume, et il faut pour cela, Messieurs,
« que j'aie fait, que nous ayons tous fait notre
« devoir ! »

Le bal de l'hôtel de ville fut ajourné, et le
prince accompagné de sa jeune épouse alla
consoler les familles des victimes de la catastrophe du Champ de Mars. Par leur ordre,
d'abondantes aumônes et de généreux secours
furent prodigués, les veuves et les orphelins
reçurent des pensions ; plus de 500,000 fr.
furent employés à soulager les infortunes de
bien des malheureux qu'une intelligente
bienveillance alla partout découvrir.

Le prince était bon et généreux. Jouissant
d'une dotation d'un million par an, il la con-
sacrait moitié en bonnes œuvres discrètement
accomplies et moitié à encourager les arts et
les artistes.

Par son initiative, les maîtres de l'école
française d'alors, Decamps, les Johannot,
Ary Scheffer, Delacroix, Ingres, Boulanger,
Roqueplan, Horace Vernet, Jules Dupré,
Barye le sculpteur et tant d'autres dont les
noms rayonnent dans l'histoire de l'art, étaient
chargés d'importants travaux.

Le 24 août 1838, la duchesse d'Orléans
donnait le jour à Louis-Philippe-Albert d'Orléans, comte de Paris, qui sera, nous en avons
la certitude, le roi de France Philippe VII.

En 1839 le duc d'Orléans alla reprendre son rang à l'armée d'Afrique placée sous les ordres du maréchal Valée et reçut la direction d'une division. Le premier à la tête de sa colonne, le prince malgré l'ennemi franchit les fameuses portes de fer le 28 octobre 1839 et réussit là où avaient reculé autrefois les légions romaines.

Il rentra à Alger au milieu de l'enthousiasme des soldats, des colons, des Arabes eux-mêmes, frappés de stupeur et d'admiration, par le succès de cette expédition.

Un gigantesque banquet de 4,000 couverts fut offert au prince et à ses compagnons d'armes par la colonie, sur la place Bab-el-Oued à Alger. A la fin du repas, le duc d'Orléans prit la parole :

« Au nom du roi, s'écrie-t-il, je porte cette « santé :

« *A l'armée d'Afrique et à son général en* « *chef, le maréchal Valée, sous les ordres duquel* « *elle a accompli de si grandes choses !*

« A cette armée qui a conquis à la France « un vaste et bel empire, ouvert un champ « illimité à la civilisation, dont elle est l'avant- « garde ! A la colonisation dont elle est la « première garantie !

« A cette armée qui, maniant tour à tour la « pioche et le fusil, combattant alternative- « ment les Arabes et la fièvre, a su affronter, « avec une résignation stoïque, la mort sans « gloire de l'hôpital, et dont la brillante va- « leur conserve dans notre jeune armée les « traditions de nos légions les plus célèbres !

« A cette armée, compagne d'élite de la
« grande armée française, qui, sur le seul
« champ de bataille réservé à nos armes, doit
« devenir la pépinière des chefs futurs de
« l'armée française, et qui s'enorgueillit juste-
« ment de ceux qui ont déjà percé à travers
« ses rangs !

« A cette armée qui, loin de la patrie, a le
« bonheur de ne connaître les discordes intes-
« tines de la France que pour les maudire,
« et qui, servant d'asile à ceux qui les fuient,
« ne leur donne à combattre, pour les intérêts
« généraux de la France, que contre la nature,
« les Arabes et le climat !

« Au chef illustre qui a pris Constantine,
« donné à l'Afrique française un cachet inef-
« façable de permanence et de stabilité, et fait
« flotter nos drapeaux là où les Romains
« avaient évité de porter leurs aigles !

« C'est au nom du roi, qui a voulu quatre
« fois que ses fils vinssent prendre leur rang
« de bataille dans l'armée d'Afrique, que je
« porte ce toast. C'est au nom de deux frères
« dont je suis justement fier, l'un vous a
« commandés dans le plus beau fait d'armes
« que vous ayez accompli, l'autre s'est vengé
« au Mexique d'être arrivé trop tard à Cons-
« tantine, que je porte cette santé à la gloire
« de l'armée d'Afrique. »

A ce toast les assistants répondirent par
des applaudissements et M. Salaun Peuquer,
le plus ancien lieutenant du 23e de ligne, s'ap-
prochant du prince royal lui offrit une palme
d'honneur cueillie dans les portes de fer.

« Monseigneur, dit l'officier, cette palme vous
« est offerte par les soldats de votre division ;
« ils l'ont cueillie au Bibars, et ils vous
« l'offrent comme un emblème de toutes les
« vertus guerrières dont vous leur avez donné
« l'exemple. »

Le duc d'Orléans très ému se tourna vers
le maréchal Valée en lui disant : « Monsieur
le maréchal, je vous demande la permission
de l'accepter. »

« La voix du soldat est la voix de Dieu,
Monseigneur, répondit le maréchal. »

Alors le prince se tournant vers les officiers de sa division, s'écria :

« Jamais, Messieurs, je ne pourrai vous
« exprimer combien je suis ému et touché ;
« je contracte aujourd'hui une dette vis-à-vis.
« de vous que je tâcherai d'acquitter un jour.
« Dans les moments difficiles, je me rappel-
« lerai que j'ai reçu cette palme de ceux dont
« l'héroïque persévérance emporta Constan-
« tine d'assaut : dans les privations, je me
« rappellerai qu'elle me fut donnée par des
« hommes dont aucune souffrance ne lassa
« l'énergie ; et quand, au jour du danger, je
« vous représenterai cette palme, vous vous
« souviendrez à votre tour que vous l'avez
« cueillie dans des lieux réputés inaccessibles,
« et vous saurez prouver alors *que rien n'est*
« *impossible à des soldats français.* »

Le prince royal ne quittait l'armée qu'avec
regret, mais les devoirs et les affections de
famille ainsi que les exigences de son rang le
forcèrent à nouveau de rentrer en France

après cette campagne; néanmoins au mois de mars 1840, il revint en Afrique pour initier le duc d'Aumale, son frère, aux fatigues et aux dangers de la vie militaire, et il donna au futur vainqueur d'Abd-el-Kader, au col de Mouzaïa sa première leçon, de bravoure et de sang-froid.

Cette affaire de Mouzaïa fut la dernière action d'éclat du duc d'Orléans. Il devait passer les deux dernières années de sa vie en France, et celui qui avait si souvent bravé la mort sur les champs de bataille allait la trouver dans un vulgaire accident de voiture.

Le 9 novembre 1840, Mme la duchesse d'Orléans donna le jour à un second fils qui est aujourd'hui Monseigneur Robert d'Orléans duc de Chartres, le brillant colonel de chasseurs que la République a décoré pendant la guerre de 1870 sous le nom de Robert le Fort et qu'elle a proscrit de l'armée en 1883 par peur de son nom, de son courage de sa loyauté et de son ascendant.

Monseigneur le duc d'Orléans habitait au château des Tuileries le pavillon de Marsan et vivait là entouré de sa jeune famille et de l'élite du monde artistique et littéraire.

Tout ce qui lui semblait utile occupait immédiatement son attention. Il se livra avec soin à l'amélioration de la race des chevaux et fonda le haras de Meudon; il en donna la direction à un habile écuyer ainsi qu'à un parfait gentilhomme nommé M. le comte de Cambis.

Il écrivait en véritable homme de lettres et

fit paraître l'histoire du 2ᵉ léger ; il retraça celle de l'armée d'Afrique, mais ne put la terminer. L'armée était l'objet de sa plus grande sollicitude, et c'est à lui que la création des chasseurs d'Afrique est due ; c'est le prince qui forma le premier ces bataillons composés de fantassins si vifs et à l'allure si française qui s'appelèrent d'abord les chasseurs d'Orléans, puis les chasseurs d'Afrique et sont aujourd'hui les chasseurs à pied,

Le prince royal, le 13 juillet 1842, devait partir pour le camp de Saint-Omer où l'appelait une inspection militaire ; sur l'heure de midi, il se rendait au château de Neuilly faire ses adieux à la famille royale lorsque les chevaux qui étaient attelés à sa calèche s'emportèrent à la hauteur de la porte Maillot. Le prince voyant que le postillon était dans l'impossibilité de maîtriser ses chevaux mit le pied sur le marchepied de la voiture et sauta sur la route. Ses deux pieds touchèrent le sol, mais la force de l'impulsion le fit trébucher et la tête porta sur le pavé avec violence. Le prince resta étendu sans connaissance sur la chaussée.

On s'empressa à son secours et on le transporta dans la maison d'un épicier vis-à-vis les écuries de Lord Seymour où on avait d'abord songé à le porter ; mais un ouvrier s'écria : « Il n'est pas juste qu'un prince français « meure chez un Anglais. »

Un médecin de Neuilly, M. le docteur Baumy, lui donna les premiers soins et fit une saignée qui ne produisit aucun résultat.

La famille royale prévenue accourut auprès du lit où le prince se mourait. Le docteur Pasquier, premier chirurgien de sa maison, déclara qu'un épanchement au cerveau s'étant produit, il n'y avait aucun espoir à conserver.

Monsieur le curé de Neuilly et son clergé prévenus par ordre du Roi se rendirent immédiatement autour de la couche funèbre, et à quatre heures et demie du soir, le 13 juillet 1842, le duc d'Orléans remettait son âme à Dieu, béni par la religion qui avait assisté ses derniers moments, entre les bras du roi son père, sous les larmes de la reine sa mère et au milieu des sanglots et des cris de douleur de tous les assistants.

La France entière pleura le prince ; il était populaire et aimé aussi bien des populations que de l'armée ; amis ou adversaires, tout le monde estimait son caractère, sa bravoure, sa générosité, ainsi que sa parfaite courtoisie.

La maison où il rendit le dernier soupir fut achetée par sa famille, et une chapelle qui existe encore a été construite sur l'emplacement de cette demeure. En 1870, bien que placée dans la zone des fortifications de Paris, la chapelle a été conservée ; tous les ans, le jour anniversaire de la mort du prince, une messe y est célébrée.

L'histoire de la vie du duc d'Orléans est terminée ; il nous reste à parler de son testament politique qui a donné lieu à bien des attaques et à bien des interprétations erronées.

Cet important document fut publié en 1849

par le journal l'*Evénement* d'après une copie
faite sur l'original pris aux Tuileries le 24
février 1848.

(Extrait du Testament de Monseigneur le duc
d'Orléans.)

PARTIE POLITIQUE

« Si le devoir sacré que je vais remplir doit
« être le dernier d'une carrière sans éclat,
« mais sans tache, je suis certain que toute ma
« famille ne verra dans l'expression de mes
« derniers vœux qu'une manière de plus de
« lui témoigner l'affection et la reconnaissance
« dont je suis pénétré, en fournissant à tous
« les miens, lorsque je ne serai plus au milieu
« d'eux, le moyen de réaliser quelques-unes
« des pensées que j'aurais emportées avec moi.
« Mais, avant d'indiquer ces vœux, que je ne
« consigne peut-être pas ici dans une forme
« légale, sachant qu'entre nous cette précau-
« tion est inutile, j'éprouve le besoin de faire
« agréer ma respectueuse reconnaissance au
« roi, qui a toujours été si bon pour moi, à la
« reine à qui je dois tout, et à ma tante, (la
« princesse Adelaïde) qui m'a toujours traité
« comme un fils.

« Quoique je sois certain que ma famille,
« dont je connais l'union indissoluble, fera
« pour moi ce que j'aurais fait en pareil cas
« pour chacun de ses membres, et se regardera
« comme associée intimement à toute mon
« affection pour ma chère Hélène (Madame
« la duchesse d'Orléans) cependant j'ose croire
« qu'en recommandant de nouveau au roi, à

« la reine, à mon frère Nemours, à ma tante
« et à tous mes frères et sœurs, celle qui m'a
« rendu si heureux, j'établirai encore un lien
« de plus entre elle et ma famille, dont je me
« flatte qu'elle partagera en tous points les
« destinées.

« J'ai la confiance que lors même que les
« devoirs, vis-à-vis les enfants que je lui ai
« laissés, ne l'enchaîneraient plus au sort de
« ma famille, le souvenir de celui qui l'a aimée
« plus que tout au monde l'associerait à toutes
« les chances diverses de notre avenir et à la
« cause que nous servons. Hélène connaît mes
« idées ardentes et absolues à cet égard, et sait
« ce que j'aurais à souffrir de la savoir dans
« un autre camp que celui où furent mes sym-
« pathies où furent mes devoirs. C'est cette con-
« fiance, si pleinement justifiée jusqu'à pré-
« sent par le noble caractère, l'esprit élevé et
« les facultés de dévouement d'Hélène, qui me
« font désirer qu'elle demeure, sans contesta-
« tion, exclusivement chargée de l'éducation
« de nos enfants.

« Mais je me hâte d'ajouter que, si par
« malheur, l'autorité du roi ne pouvait veiller
« sur mon fils aîné jusqu'à sa majorité, Hé-
« lène devrait empêcher que son nom ne fût
« prononcé pour la régence, et désavouer
« hautement toute tentative qui se couvrirait
« de ce dangereux prétexte pour enlever la
« régence à mon frère Nemours, ou, à son
« défaut à l'aîné de mes frères.

« En laissant, comme c'est son devoir et
« son intérêt, tous les soins du gouvernement

« à des mains viriles et habituées à manier
« l'épée, Hélène se dévouerait toute entière
« à l'éducation de nos enfants, comme elle
« s'est dévouée à moi.

« C'est une grande et difficile tâche que de
« préparer le comte de Paris à la destinée qui
« l'attend ; car personne ne peut savoir quant
« à présent, ce que sera cet enfant lorsqu'il
« s'agira de reconstruire sur de nouvelles
« bases une société qui ne repose aujourd'hui
« que sur des débris mutilés et mal assortis
« de ses organisations précédentes. Mais, que
« le comte de Paris soit un de ces instruments
« brisés avant qu'ils n'aient servi, ou qu'il
« devienne l'un de ces ouvriers de cette ré-
« génération sociale qu'on n'entrevoit encore
« qu'à travers de grands obstacles, et, peut-
« être des flots de sang ; qu'il soit roi, ou
« qu'il demeure défenseur inconnu et obscur
« d'une cause à laquelle nous appartenons
« tous, il faut qu'il soit, avant tout, un homme
« de son temps et de la nation ; qu'il soit ca-
« tholique et serviteur passionné, exclusif de
« la France et de la Révolution. »

« Je suis certain que tout en restant per-
« sonnellement fidèle à ses convictions reli-
« gieuses, Hélène élèvera scrupuleusement nos
« enfants dans la religion de leur père, dans
« cette religion qui fut de tous les temps celle
« que la France a professée et défendue, et
« dont le principe est si parfaitement d'ac-
« cord avec les idées sociales nouvelles, au
« triomphe desquelles mon fils doit se con-
« sacrer. »

« Sans vouloir ni pouvoir tracer d'avance
« un plan d'éducation pour mon fils, j'indi-
« querai ici quelques points principaux dans
« la route qu'il suivra. Je tiens à ce qu'il com-
« mence de bonne heure l'étude des langues
« étrangères et plus tard celle de l'histoire,
« qu'il faudra lui faire sérieusement appro-
« fondir.

« Les talents d'agrément ne devront l'oc-
« cuper que très accessoirement, surtout pen-
« dant qu'il partagera l'éducation publique de
« ses contemporains. J'espère que d'ici là
« une réforme sérieuse de l'enseignement
« universitaire l'aura mis plus en harmonie
« avec les besoins de la société. Mais, quoi-
« qu'il en soit, je demande formellement que
« mon fils soit soumis à cette épreuve de l'ins-
« truction publique qui peut seule, *dans un*
« *siècle où il n'y a pas d'autre hiérarchie pos-*
« *sible que celle de l'intelligence et de l'éner-*
« *gie*, assurer en lui le développement com-
« plet de ces deux facultés. Je désire
« même, sans vouloir faire entrer mon fils à
« l'Ecole polytechnique, qu'il subisse l'examen
« public d'admission à cette école. Lorsqu'il
« commencera sa carrière et ses travaux mili-
« taires, que ses premiers services soient dans
« l'infanterie, dans cette arme nationale des
« Français depuis tant de siècles, et dans les
« rangsde laquelle le peuple entier devra en-
« trer, le jour où l'on tentera d'exécuter
« contre la France, contre les idées et la dy-
« nastie, la sentence depuis longtemps rendue
« contre ces illustres contumaces.

« Mais ce que je recommande surtout à ma
« chère Hélène, ce pourquoi j'ose compter
« aussi beaucoup sur la reine, c'est la direc-
« tion morale à donner à l'éducation de mon
« fils, ce sont les impressions qu'il ne trou-
« vera ni dans les livres, ni dans les leçons
« de ses maîtres, ce qu'on ne saurait lui
« donner de trop bonne heure.

« Hélène sait que ma foi politique m'est
« encore plus chère que mon drapeau reli-
« gieux ; mes convictions étant après mes
« affections ce que j'ai de plus cher au monde,
« je tiens à les léguer à mon fils, non par le
« sot orgueil de me croire infaillible, mais
« par un sentiment profond et raisonné de
« fidélité ; c'est, d'ailleurs, le seul héritage
« que je puisse laisser à mon fils, n'ayant à
« lui transmettre ni fortune, ni un nom que je
« me sois fait, ni une épée dont je me sois
« servi. Mais je lui léguerai mieux que cela ;
« je lui laisserai ce qui doit le plus tenter une
« âme élevée : de grands devoirs à remplir
« et d'immenses obstacles à surmonter pour
« les accomplir.

« En lui léguant la défense d'un pays et d'un
« principe menacé, je dois lui léguer en même
« temps la foi dans leur bon droit et leur
« triomphe final. Que ces pensées et ce dé-
« vouement, morts en moi sans avoir été ap-
« pliqués, germent dans le cœur de mon fils ;
« *que dans son affection pour la France, il*
« *sache toujours être son complice et jamais*
« *son gardien ;* qu'il ne pense à ses aïeux que
« pour sentir combien la grandeur de la race

« ajoute encore à l'étendue de ses devoirs.
« Qu'il n'apprenne qu'il n'est de la pre-
« mière famille du monde, que pour être fier
« et digne de tenir un jour dans ses mains les
« destinées de la cause la plus belle qui, de-
« puis le christianisme, ait été plaidée devant
« le genre humain ; qu'il soit l'apôtre de cette
« cause, et au besoin son martyr. »

Tel est le testament politique de Mgr Ferdi-
nand-Philippe d'Orléans, père de Mgr le comte
de Paris. Il a été écrit à Toulon (Var) le 9 avril
1840, au moment où le prince s'embarqua
pour sa dernière expédition d'Afrique.

C'est cette pièce qui depuis a été si vive-
ment attaquée par les ennemis de la branche
d'Orléans, lesquels ont prétendu que le prince
en l'écrivant, avait renié les traditions de la
famille des Bourbons et abandonné ainsi les
principes du droit monarchique, pour faire
cause commune avec la démagogie.

En quelques lignes nous allons essayer de
prouver que le prince n'a cédé ni abandonné
aucune des traditions de sa race, et que
Mgr le comte de Paris, en obéissant aux vo-
lontés de son père, ne fera que satisfaire aux
obligations de sa mission royale pour l'honneur de son nom, de sa race, ainsi que pour
le bonheur de la France, qu'il aura à sauve-
garder dans un avenir prochain en la détour-
nant du précipice où la démagogie semble
devoir la précipiter.

Le passage du testament qui a soulevé le
plus de critiques est celui où Mgr le duc
d'Orléans dit en parlant de son fils Mgr le

comte de Paris : « Il faut qu'il soit, avant tout,
« un homme de son temps et de la nation ;
« qu'il soit catholique et serviteur passionné,
« exclusif de la France et de la Révolution. »
Les adversaires de la maison d'Orléans, ont
voulu voir dans cette phrase, une sorte d'abaissement des droits royaux et une approbation criminelle des excès de la Révolution.

Il n'en est rien.

Le prince a simplement voulu exprimer
cette volonté, que son fils, s'il devait s'asseoir
sur le trône de ses ancêtres ne devrait jamais
être le roi d'une caste ou d'un parti, mais le
roi de tous ; que son devoir serait de suivre
la voie autrefois parcourue par cette longue
lignée d'aïeux illustres, ces Rois glorieux qui
ont fait de la France le premier royaume du
monde et du peuple français le premier
peuple de la terre.

Il a indiqué à son fils, l'exemple de Charlemagne s'inspirant des droits et des besoins
du peuple en faisant écrire ses capitulaires ;
du roi Louis VI créant les communes, du bon
roi saint Louis dictant ses ordonnances et ses
établissements, multipliant les cas royaux
pour protéger le peuple contre la féodalité,
du roi Louis XI abaissant les grands feudataires de la couronne au profit de la bourgeoisie et du tiers Etat, du grand Louis XIV
centralisant l'autorité royale pour la gloire du
royaume, enfin de l'infortuné Louis XVI abolissant la torture, affranchissant la justice, la
rendant égale pour tous détruisant les privilèges et décrétant l'égalité des citoyens.

La Révolution dont le duc d'Orléans a voulu parler est celle de 1789 appartenant bien en propre à la royauté qui en a pris l'initiative, et non celle de 1793 qui a failli détruire tous les bienfaits de 1789.

Un fils de France, un descendant de saint Louis a le droit de revendiquer pour son fils la continuation et la régularisation de cette grande transformation sociale, en lui recommandant d'obéir à la loi du progrès, tout en se renfermant pour accomplir cette œuvre royale et sociale, dans l'esprit de la loi chrétienne, qui doit toujours être la base fondamentale des lois et institutions de notre pays.

Voici ce que le prince a voulu dire et non autre chose ; il nous a préparé un roi réformateur, un roi national et non un roi de caste ou de parti. Il faut en remercier sa mémoire.

La monarchie représentée par Mgr le comte de Paris, sera libérale, constitutionnelle, sans que l'autorité ait à en souffrir et sans que le roi ait à abdiquer aucune de ses prérogatives.

Elle sera une monarchie catholique essentiellement tolérante, socialiste comme l'Evangile, mais sans complaisance pour la démagogie qu'elle saura dominer et contenir avec fermeté.

Mgr le comte de Paris devenu le roi de France, Philippe VII en s'asseyant sur le trône que lui a laissé le regretté Henri V, n'oubliera pas les paroles prophétiques du duc d'Orléans, son père, prévoyant qu'il pourrait avoir la mission de reconstruire sur de nouvelles bases, une société qui ne repose que sur des débris mutilés et mal assortis, de ses organisations précédentes.

Mgr le comte de Paris est préparé depuis longtemps à cette glorieuse tâche. Il a étudié avec soin les questions sociales et ouvrières; les articles écrits par lui dans la *Revue des Deux-Mondes* ses voyages d'études dans les grands centres industriels français et étrangers, son savant ouvrage sur les associations ouvrières en Angleterre, prouvent qu'il a ponctuellement suivi les généreuses instructions de son père, se disposant à être un roi libéral, ami du peuple dont il a appris à connaître les besoins.

Il sera un roi libéral et ferme le prince qui a écrit ces lignes. « La liberté et la publicité, « ces garanties tutélaires de la justice, peu- « vent seules effacer les traces des terribles « malentendus qui ont éveillé chez les uns « tant d'alarmes, chez les autres tant de vaines « illusions. »

Il sera également un roi chrétien, car il n'oubliera pas cette phrase du testament paternel : « Hélène élèvera scrupuleusement « nos enfants dans la religion de leur père, « dans cette religion catholique qui fut de « tous les temps celle que la France a pro- « fessée et défendue, et dont le principe est si « parfaitement d'accord avec les idées sociales « nouvelles, au triomphe desquelles mon fils « doit se consacrer. »

Il aime passionnément la France, ce roi

mûri par l'exil, cet héritier de Saint Louis, de Louis XIV et de Henri V, qui représente l'union de la vieille race Royale avec la France moderne, et qui réunit en sa personne, tous les anciens droits de la monarchie, toutes les conquêtes sociales et politiques de 1789.

Aussi, aux applaudissements de la nation débarrassée du carnaval républicain par l'entente pacifique et légale du peuple et du monarque, mettra-t-il fin à cet état précaire qui depuis près d'un siècle a valu à notre belle patrie tant de secousses et de révolutions, tant de ruines, de larmes et de sang, état qui ne cessera que lorsque la légitimité aura repris ses droits séculaires et que le roi Philippe VII aura apposé le sceau de la réconcilation entre le peuple et la monarchie.

Robert DU MESNIL.

Paris. — Imp. F. LEVÉ, rue Cassette, 17.

[illegible]

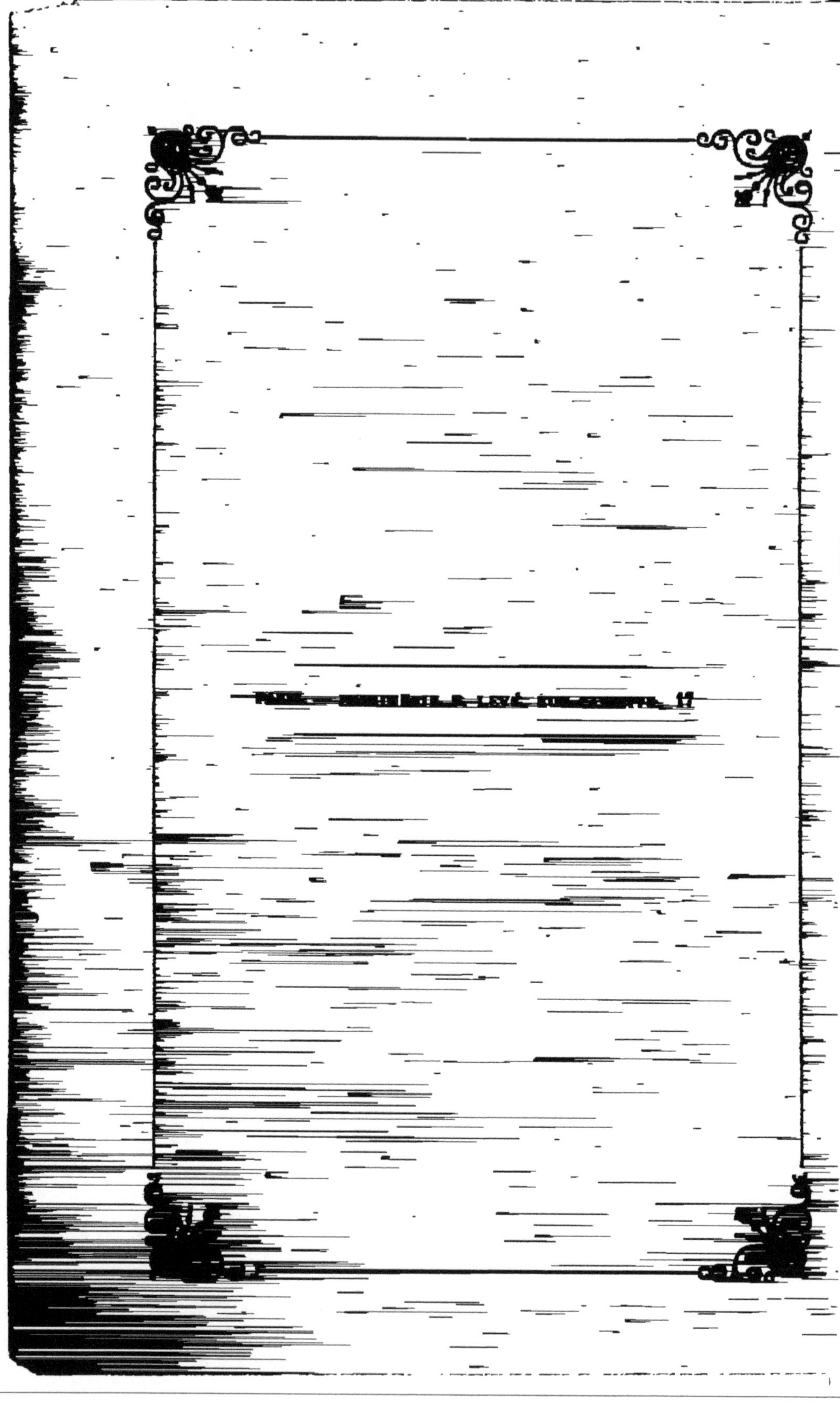